The Urbana Free Library

To renew: call **217-367-4057**
or go to **urbanafreelibrary.org**
and select **My Account**

Guía para jóvenes sobre el gobierno

DESCUBRE TU PAPEL EN LAS ELECCIONES

por Jessica Gunderson

Consultor: Steven S. Smith, PhD
Profesor de Ciencias Políticas
Universidad de Washington

CAPSTONE PRESS
a capstone imprint

Serie Fact Finders Books publicada por Capstone Press
1710 Roe Crest Drive, North Mankato, Minnesota 56003
www.capstonepub.com

Los datos de CIP (Catalogación previa a la publicación, CIP) de la Biblioteca
del Congreso se encuentran disponibles en el sitio web de la Biblioteca.

ISBN 978-1-4966-5724-4 (library binding)
ISBN 978-1-4966-5728-2 (eBook PDF)

Créditos editoriales
Michelle Hasselius, editor; Mackenzie Lopez, designer;
Jo Miller, media researcher; Kathy McColley, production specialist
Traducido a la lengua española por Aparicio Publishing

Fotografías gentileza de:
Dreamstime: Paul Simcock, 5; Getty Images: Bettmann, 18 (top), The Image Bank/Dirk
Anschutz, 29; Library of Congress, Prints and Photographs Division, 17; Newscom:
CQ Roll Call/Tom Williams, 9, Everett Collection, 19; Shutterstock: -Taurus-, 8,
Aniwhite, 23, DNetromphotos, 24, Evan El-Amin, 25, 27 (right), Everett Historical, 18
(bottom), 27 (left, middle left, middle), Incomible, 11, Jonathan Weiss, 6, LANTERIA,
12, 26, Raksha Shelare, cover, SAlexandru Nika, 21, Sashkin, 14 (button backgrounds),
South12th Photography, 22; Wikimedia: Green Party of the United States, 15,
Libertarian Party, 15, Republican National Committee, 14, United States Democratic
Party, 14, White House photo by Eric Draper, 27 (middle right)

Elementos de diseño
Capstone

Impreso y encuadernado en China.
002489

CONTENIDO

Capítulo 1

Por qué es importante votar

Imagina que hoy es un típico día de escuela. De camino a la escuela, ¿están pavimentadas las calles? ¿Cuál es el límite de velocidad? ¿Hay un cruce peatonal frente a la escuela? Cuando llegues a clase, ¿sobre qué temas aprenderás? ¿Qué almorzarás? Al terminar, ¿a qué hora te irás a casa?

Sorprendentemente, las respuestas a todas estas preguntas tienen que ver con el voto. Cuando las personas votan, eligen a funcionarios para que tomen decisiones por la comunidad.

Los funcionarios o **representantes** elegidos votan leyes, como cuáles deberían ser los límites de velocidad máxima y mínima. Ayudan a decidir cómo invertir el dinero de los impuestos. Ese dinero podría usarse para pavimentar calles o instalar señales de tránsito cerca de tu escuela. Los funcionarios incluso ayudan a determinar qué materias estudiarás y cuánto durará la jornada escolar. Cuando los ciudadanos votan, eligen a los representantes que creen que tomarán las decisiones correctas por ellos. ¡Votar es importante!

representante: persona elegida para hablar o actuar por otros

Los tres poderes del gobierno

Estados Unidos es una **democracia**. Los ciudadanos votan a funcionarios que los representen a nivel local, estatal y federal. El gobierno federal de Estados Unidos tiene tres partes que funcionan juntas. Estas partes se llaman poderes. Los tres poderes del gobierno federal son el legislativo, el ejecutivo y el judicial. El Poder Legislativo crea las leyes que gobiernan el país, el Poder Ejecutivo pone en práctica las leyes y el Poder Judicial se asegura de que las leyes respeten la Constitución de EE. UU.

La Cámara de Representantes del estado de Indiana en 2017

democracia: país que tiene un gobierno elegido por el pueblo
población: número total de personas que habitan un lugar
designar: elegir a alguien para un puesto

PODER LEGISLATIVO

El Poder Legislativo está compuesto por el Congreso de EE. UU. Los miembros del Congreso escriben las leyes y las votan. El Congreso de EE. UU. tiene dos sectores: el Senado y la Cámara de Representantes. Cada estado envía dos senadores al Congreso. El número de representantes de un estado depende de su **población**. Cuanto mayor es la población de un estado, mayor es el número de representantes que tiene.

PODER EJECUTIVO

El Poder Ejecutivo está formado por el/la presidente de EE. UU. y su gabinete. El presidente gobierna el país, dirige el ejército de nuestra nación y se asegura de que se respeten las leyes. El gabinete está formado por el vicepresidente y los miembros del gabinete. El presidente elige a estos miembros. El Senado debe aprobar a las personas elegidas. Los miembros del gabinete aconsejan al presidente según sus áreas de especialización. Por ejemplo, el Secretario de Educación aconseja al presidente en temas relacionados con las escuelas y la educación.

PODER JUDICIAL

El Poder Judicial está formado por los jueces y el sistema de tribunales. Los jueces interpretan la ley y se aseguran de que se cumpla de acuerdo con la Constitución de EE. UU. El tribunal más alto del país es la Suprema Corte. La Suprema Corte tiene nueve jueces. El presidente **designa** a los jueces federales y a los de la Suprema Corte. El Senado vota para aprobar a los jueces que elige el/la presidente. Los jueces federales y los de la Suprema Corte ocupan sus cargos de por vida.

¿Qué poder es el más fuerte?

¿Cuál crees que es el poder del gobierno que tiene más autoridad? La respuesta es ninguno. Cada uno mantiene el equilibrio de poderes.

Para entender cómo funciona esto, veamos con detalle cómo un **proyecto de ley** se convierte en ley. Los miembros del Congreso votan un proyecto que esperan que se haga ley. Si el proyecto se aprueba en el Senado y en la Cámara de Representantes, es enviado al presidente. El proyecto pasa a ser ley si el/la presidente lo firma. El presidente también puede **vetarlo**. Si eso sucede, el proyecto regresa al Congreso. Si el Congreso obtiene los votos suficientes, puede anular el veto del presidente y el proyecto se convierte en ley. Después, un juez podría determinar que la ley es ilegal si no respeta la Constitución.

¿Quién puede postularse para un cargo público?

Cualquier persona puede **postularse** para un cargo público en Estados Unidos. Bueno, casi cualquiera. Para ser presidente, tienes que haber nacido en Estados Unidos. Debes tener 35 años de edad como mínimo. Además, tienes que haber vivido en el país durante al menos 14 años.

Para ser senador de EE. UU., tienes que ser ciudadano estadounidense desde hace al menos nueve años. Debes tener 30 años de edad como mínimo y vivir en el estado al que quieras representar.

Para ser representante de EE. UU., debes ser ciudadano estadounidense desde hace al menos siete años. Debes tener 25 años de edad como mínimo y vivir en el estado al que quieras representar.

Catherine Cortez Masto juró como senadora de Nevada en 2003.

proyecto de ley: plan escrito de una nueva ley que debe ser debatido en el Congreso
vetar: rechazar un proyecto propuesto por el Congreso
postularse: presentarse como candidato/a para ocupar un cargo

Capítulo 2

Candidatos y campañas

Si has mirado televisión en un año electoral, habrás visto anuncios de **candidatos** que se postulan para un cargo público. Estos anuncios son parte de la **campaña** de un candidato/a. Una campaña es una serie de actividades que se realizan para que los ciudadanos voten por un político determinado.

Los candidatos hacen campaña de muchas maneras diferentes. Las personas que los apoyan ponen anuncios en la TV, la radio y las redes sociales. Los voluntarios reparten folletos, pines, camisetas y calcomanías para los carros.

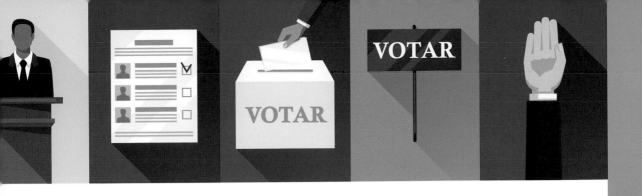

Muchos candidatos viajan por el estado o por el país y celebran **mítines**. Durante los mítines, los candidatos hablan ante un gran público sobre qué harán si son elegidos. A veces, las personas que siguen a los candidatos también hablan. Le cuentan al público por qué apoyan a ese candidato/a.

DATO

Los candidatos suelen tener eslóganes. Un eslogan es una frase pegadiza que resume el objetivo de un candidato/a. En las elecciones presidenciales de 2016, el eslogan de campaña de Donald Trump fue "Make America Great Again!" ("¡Hagamos que América vuelva a ser grande!"). Los eslóganes se imprimen en gorras, camisetas y pines para que los usen los seguidores.

candidato/a: persona que se presenta para obtener un empleo o ser elegida para un cargo público

campaña: serie de actividades que se organizan para ganar unas elecciones

mitin: reunión masiva de personas con intereses políticos similares

Los candidatos también participan en **debates** con otros candidatos que se presentan para el mismo cargo público. Durante la mayoría de los debates, un **moderador** o moderadora hace preguntas específicas sobre temas que son importantes para los votantes. Los candidatos se turnan para responder las preguntas. Por lo general, tienen un límite de tiempo. Los debates ayudan a los votantes a entender el plan y las ideas de cada candidato/a. Se puede asistir a los debates, pero la mayoría de las personas los miran por televisión o por Internet.

Los fondos de las campañas

Las campañas llegan a ser muy costosas. Los candidatos pueden pagar una parte de su campaña. Los ciudadanos también donan dinero a los candidatos en quienes confían. Los comités de acción política o PAC (por sus siglas en inglés) también financian las campañas. Los PAC son creados por grupos políticos y grandes corporaciones. Donan dinero a los candidatos que creen que servirán mejor a sus intereses.

> **debate:** diálogo entre grupos que tienen diferentes puntos de vista; los candidatos participan en debates antes de las elecciones
> **moderador/a:** persona que dirige una reunión

Partidos políticos

La mayoría de los candidatos que se postulan para un cargo público representan a partidos políticos. Un partido político es un grupo que defiende ciertas ideas y políticas. Antes de las elecciones presidenciales, los votantes deben elegir candidatos de una lista del mismo partido. En el verano de un año de elecciones presidenciales, los principales partidos políticos celebran convenciones nacionales. Los **delegados** de cada estado asisten a la convención.

Partido Demócrata

fundado en 1828

El partido político activo más antiguo
de la nación cree en un gobierno federal fuerte,
en regulaciones y leyes para el comercio,
en programas sociales financiados
por el gobierno para ayudar a los más necesitados
y en la protección del medioambiente.

Partido Republicano

fundado en 1854

Este partido, también conocido como
Grand Old Party o GOP, por sus siglas en
inglés, cree en un gobierno federal pequeño
y en gobiernos locales y estatales fuertes,
en un ejército sólido y en la reducción
del gasto público en los programas sociales.

Estos delegados votan por el candidato o candidata de su partido. Los delegados votan a quien haya ganado las elecciones primarias de su estado. El elegido/a en la convención es el candidato/a presidencial **nominado/a** por ese partido.

delegado/a: persona que representa a otras personas en una reunión
nominado/a: persona elegida para postularse en unas elecciones

Partido Libertario

fundado en 1971

Este partido cree en las libertades personales, la reducción de impuestos y la eliminación de muchas leyes, tales como las que regulan las drogas o la edad para consumir alcohol.

Partido Verde

fundado en la década de 1990

Este partido cree en la protección del medioambiente y está en contra de la violencia y la guerra. No acepta donaciones de parte de corporaciones.

Capítulo 3

Leyes electorales

Si tienes al menos 18 años y eres ciudadano de EE. UU. puedes votar en las elecciones del país. Pero esto no fue siempre así.

Cuando se fundó Estados Unidos, solo los hombres blancos que eran dueños de tierras tenían permitido votar. Con el tiempo, muchos estados quitaron el requisito de tener tierras. A mediados del siglo XIX, todos los ciudadanos hombres y blancos podían votar. Sin embargo, los afroamericanos, otras **minorías** y las mujeres no podían hacerlo. En esa época, las mujeres y los grupos minoritarios no tenían los mismos derechos que los hombres blancos.

La 15.ª Enmienda

La 15.ª Enmienda fue **ratificada** en 1870 y dio a los hombres negros el derecho a votar. Sin embargo, muchos estados del Sur aprobaron leyes para evitar que los afroamericanos votaran. Algunos estados sureños obligaban a los votantes a pagar un impuesto. En otros estados, los votantes también tenían que rendir exámenes para demostrar que sabían leer y escribir. Muchos votantes negros no podían pagar los impuestos. La mayoría de los que habían sido esclavos no sabían leer ni escribir. Además, algunos votantes negros también recibían amenazas o, incluso, eran asesinados si intentaban votar.

La Guerra Civil

La batalla de Pea Ridge de 1862

En 1860, muchas personas que vivían en el Sur temían perder su derecho a poseer esclavos. En 1861, ya se habían separado 11 estados sureños de Estados Unidos. La Guerra Civil estalló entre los estados del Norte y los del Sur en abril de 1861. En 1863, el presidente Abraham Lincoln declaró que todos los esclavos del Sur eran libres. Cuando terminó la Guerra Civil en 1865, también terminó la esclavitud en Estados Unidos.

minoría: grupo de personas con ciertas características físicas, étnicas o religiosas que viven dentro de un grupo más grande con características físicas, étnicas o religiosas diferentes

ratificar: aceptar o aprobar oficialmente

La 19.ª Enmienda

Al comienzo del siglo XX, las mujeres lucharon por su derecho al voto en Estados Unidos. Querían tener poder de decisión sobre lo que pasaba en el gobierno. La lucha por el derecho al voto de las mujeres se llamó "movimiento sufragista". En 1920, la 19.ª Enmienda fue ratificada y dio a las mujeres el derecho a votar. Con el paso del tiempo, las mujeres comenzaron a postularse para cargos públicos.

Victoria Woodhull en 1872

DATO

En 1872, Victoria Woodhull fue la primera mujer en postularse como presidente, casi 50 años antes de que las mujeres ganaran el derecho a votar. ¡Eso significa que Woodhull ni siquiera podía votar por ella misma!

Unas mujeres sufragistas colocan un cartel que anuncia la marcha por el derecho al voto en 1914.

Ley de Derecho al Voto de 1965

En la década de 1960, los ciudadanos negros lucharon por la igualdad durante el movimiento por los derechos civiles. Cuando se aprobó la Ley de Derecho al Voto en 1965, se prohibió la **discriminación** electoral. Los estados ya no podían crear leyes que prohibieran votar a las minorías. Ya no se podían hacer exámenes de alfabetización a los votantes. La Ley de Derecho al Voto también declaró ilegal amenazar a las personas o impedirles votar.

Personas negras se manifestaron en Washington D. C. en la década de 1960.

DATO

En 1895, siete estados sureños aprobaron la cláusula de derechos adquiridos. Esta cláusula establecía que una persona podía votar sin pagar impuestos solo si su abuelo había votado antes de 1866. Esto excluía a los afroamericanos porque, por lo general, sus abuelos eran esclavos y no podían votar.

discriminación: prejuicio o trato injusto hacia otras personas basado en diferencias como la edad, el grupo étnico y el género

Capítulo 4

El proceso electoral

Las elecciones para el Senado y la Cámara de Representantes de EE. UU. se hacen cada dos años, en noviembre. Las elecciones presidenciales son cada cuatro años. Las elecciones que se celebran en años en los que no hay elecciones presidenciales se llaman elecciones a mitad de legislatura.

El proceso de votación en las elecciones generales varía en cada estado. Los votantes tienen que registrarse para votar en el estado en el que viven. Deben dar información sobre quiénes son, por ejemplo, cuándo nacieron y dónde viven. En algunos estados, los votantes también deben presentar una identificación con foto antes de votar.

El día de las elecciones los votantes van a los centros de votación para emitir su voto. Por lo general, los centros de votación están en edificios públicos, como escuelas y oficinas de correos. A los votantes se les asignan los centros de votación según el lugar donde viven. De acuerdo con las leyes electorales, cada ciudadano puede votar una sola vez. Si alguien intenta votar más de una vez, se dice que comete fraude electoral. La persona puede ser arrestada.

¿Qué es una boleta electoral?

Los ciudadanos emiten su voto por medio de una **boleta electoral**. En ella están escritos los nombres de los candidatos. Puede haber candidatos que se postulen para presidente, senador(a) de EE. UU., representante de EE. UU., gobernador(a) estatal, senador(a) estatal y representante estatal. También puede haber candidatos locales que se postulen para alcalde(sa), para el concejo municipal o el consejo escolar. A veces, en las boletas también se incluye un **referéndum**. Esto se hace para aprobar una ley sugerida. Por ejemplo, se puede consultar a los votantes si quieren que se aumenten los impuestos para financiar las escuelas.

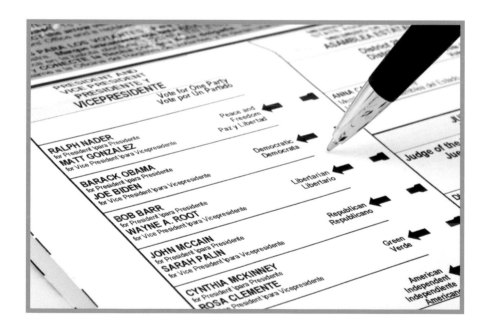

boleta electoral: papeleta para emitir el voto en secreto; puede realizarse también por medio de una urna electrónica

referéndum: voto popular sobre una medida pública

Las boletas electorales son diferentes en cada estado. Algunas son electrónicas. Los votantes usan máquinas o computadoras para marcar sus decisiones. Otros estados usan boletas de papel. Los votantes encierran en un círculo las opciones elegidas para emitir su voto. Luego, depositan las boletas en una urna.

DATO

¿Qué sucede si estás fuera de la ciudad el día de las elecciones? Los votantes pueden enviar su voto por correo antes de las elecciones. Esto se conoce como voto en ausencia.

El Colegio Electoral

Después de que los centros de votación cierran, se cuentan los votos. Por lo general, gana el candidato/a que obtiene más votos. Pero el proceso para elegir al presidente de nuestra nación es distinto. Tenemos un procedimiento llamado Colegio Electoral. Durante las elecciones presidenciales, los votantes eligen al presidente. Este voto se llama voto popular. Pero los votantes no votan directamente por el/la presidente. En cambio, votan por un grupo de electores de un partido político. Los electores eligen al presidente de manera oficial después.

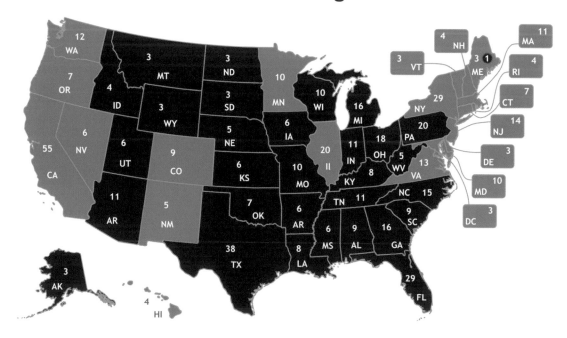

Republicanos **Cómo votó EE. UU. en 2016** **Demócratas**

Los votos electorales ganadores

Cada estado tiene un determinado número de electores. El número se basa en cuántos senadores y representantes tiene el estado en el Congreso. Los electores se comprometen a votar por el candidato/a presidencial que más votos populares reciba en su estado. Por ejemplo, la mayoría de los ciudadanos de Massachusetts votaron por Hillary Clinton en las elecciones presidenciales de 2016. En este sistema donde "el ganador se lleva todo", los 11 votos electorales de Massachusetts fueron para la candidata demócrata. Por lo general, el candidato o candidata que tiene más votos populares recibe todos los votos electorales del estado.

La candidata presidencial Hillary Clinton hizo campaña con la senadora Elizabeth Warren en el Centro de Museos de Cincinnati, en Ohio.

DATO

Maine y Nebraska son los únicos dos estados que no tienen el sistema de "el ganador se lleva todo". Estos estados se dividen en distritos, con un voto electoral por distrito. Eso significa que los votos electorales de estos estados pueden repartirse entre los candidatos presidenciales.

¿Quién gana?

Los electores emiten el voto oficial por el/la presidente de Estados Unidos en diciembre. Actualmente, hay un total de 538 votos electorales. El candidato o la candidata presidencial necesita 270 votos electorales para ganar. Es posible que ninguno de los candidatos llegue a los 270 votos. Si eso sucede, la Cámara de Representantes de EE. UU. elige al ganador o la ganadora.

Los fundadores de nuestra nación establecieron el procedimiento del Colegio Electoral para equilibrar los intereses de los estados pequeños y grandes. Los fundadores también temían que los ciudadanos eligieran a alguien que no fuera apto para el cargo.

Presidentes que perdieron según el voto popular

Es posible que un(a) presidente gane en el Colegio Electoral pero que pierda según el voto popular. Esto ha sucedido con cinco presidentes hasta el momento: John Quincy Adams, Rutherford B. Hayes, Benjamin Harrison, George W. Bush y Donald Trump.

John Quincy Adams   **Rutherford B. Hayes**   **Benjamin Harrison**   **George W. Bush**   **Donald Trump**

Capítulo 5

¿Cómo puedes participar?

Tal vez todavía no tengas la edad suficiente para votar, pero aun así puedes participar durante las elecciones. Puedes ayudar a repartir folletos y colgar carteles. Puedes usar camisetas de tus candidatos favoritos. Puedes mirar los debates para informarte sobre cuáles son los objetivos y qué piensa cada uno.

Propón a tu maestro celebrar unas elecciones en clase. Podrías hacer campaña y votar por tu candidato o candidata favorito/a. También podrías votar por los representantes de la clase, como el/la presidente y el secretario/a. Incluso podrías postularte tú a estos cargos.

Cuando te postulas para un cargo en tu clase, aprendes acerca del papel que juegan nuestros líderes en la sociedad. Hasta quizá decidas dedicarte a la política. ¡Algún día podrías postularte para presidente!

Por qué algunas personas no votan

En las elecciones presidenciales de 2016, solo cerca de la mitad de los votantes autorizados emitieron su voto. ¡Eso significa que más de 100 millones de estadounidenses no votaron!

Las personas tienen diferentes razones para no votar. Algunos creen que su voto no importa. A otros quizás no les agrada ninguno de los candidatos. Cualesquiera sean las razones, el derecho al voto no debería darse por sentado. La lucha para garantizar el derecho al voto a todos los estadounidenses por igual ha sido muy grande. Recuerda que tú puedes marcar la diferencia. ¡Cada voto cuenta!

Glosario

boleta electoral: papeleta para emitir el voto en secreto; puede realizarse también por medio de una urna electrónica

campaña: serie de actividades que se organizan para ganar unas elecciones

candidato/a: persona que se presenta para obtener un empleo o ser elegida para un cargo público

debate: diálogo entre grupos que tienen diferentes puntos de vista; los candidatos participan en debates antes de las elecciones

delegado/a: persona que representa a otras personas en una reunión

democracia: país que tiene un gobierno elegido por el pueblo

designar: elegir a alguien para un puesto

discriminación: prejuicio o trato injusto hacia otras personas basado en diferencias como la edad, el grupo étnico y el género

minoría: grupo de personas con ciertas características físicas, étnicas o religiosas que viven dentro de un grupo más grande con características físicas, étnicas o religiosas diferentes

mitin: reunión masiva de personas con intereses políticos similares

moderador/a: persona que dirige una reunión

nominado/a: persona elegida para postularse en unas elecciones

población: número total de personas que habitan un lugar

postularse: presentarse como candidato/a para ocupar un cargo

proyecto de ley: plan escrito de una nueva ley que debe ser debatido en el Congreso

ratificar: aceptar o aprobar oficialmente

referéndum: voto popular sobre una medida pública

representante: persona elegida para hablar o actuar por otros

vetar: rechazar un proyecto propuesto por el Congreso

Preguntas de razonamiento crítico

1. Describe los tres poderes del gobierno y explica a qué se dedica cada uno.

2. Un eslogan es una frase usada por una empresa, un grupo o una persona para expresar un objetivo o una creencia. Piensa en algún eslogan que hayas oído hace poco en la radio o en la televisión. ¿Cómo era? ¿Para qué se usaba?

3. Solo cerca de la mitad de los votantes autorizados emitieron su voto en las últimas elecciones presidenciales. ¿Por qué razones una persona decidiría no votar? Consulta el texto para responder.

Índice